Título original: HET TUTJE VAN LEON ZIT IN DE WEG
© Linne Bie & Co, Damme, Bélgica, 2009
www.linnebie.com
© EDITORIAL JUVENTUD, S. A., 2010
Provença, 101 – 08029 Barcelona
info@editorialjuventud.es
www.editorialjuventud.es
Traducción de Élodie Bourgeois Bertín
Primera edición, 2010
Depósito legal: B. 29.414-2010
ISBN 978-84-261-3797-5
Núm. de edición de E. J.: 12.268
Printed in Spain
Anman Gràfiques del Vallès,
Llobateres, 16 – 08210 Barberà del Vallès

Edu ya no necesita el chupete

editorial juventud

Barcelona

Este es el chupete de Edu.

Edu ha crecido, ya es un niño mayor.

Y como puedes ver, también es un caballero.

Ya no necesita el chupete.

Pero siempre lo lleva a todas partes.

Cuando va en el triciclo...

En el coche...

Cuando va a comprar con su mamá...

Edu lleva el chupete hasta cuando se baña.

Pero a veces el chupete le estorba.
Cuando Edu quiere comer su delicioso sándwich,
el chupete le estorba.

Cuando Edu quiere dar un besito a su hermanita,
el chupete le estorba.

Cuando Edu quiere decirle algo a su mamá,
el chupete le estorba.

Cuando Edu quiere cepillarse los dientes,
el chupete también le estorba.

Ahora Edu está cansado.

Es la hora de dormir.

Se lleva el osito y el chupete.

Edu está muy cansado y bosteza.

El chupete se cae de la boca y...

Edu se queda dormido...

sin su chupete.

Por la mañana, cuando Edu se despierta,
no se acuerda del chupete.
Se cepilla los dientes.

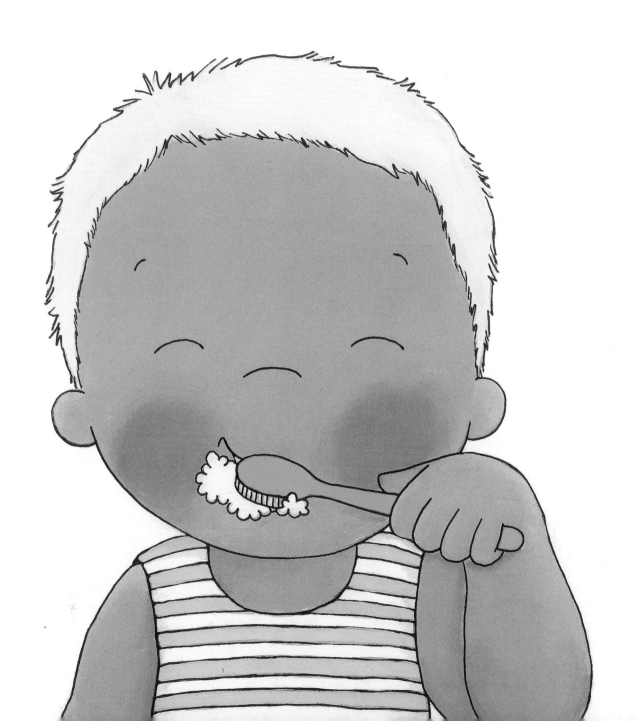

Le da un besito a su hermanita y se come un sándwich delicioso.

Llama a su mamá.

«¡Mira, Mamá, el perro es un caballero!»

Edu piensa que de repente todo es más fácil.

Entonces Edu se da cuenta de que ha olvidado el chupete.

Corre a su cuarto y lo recoge.

Pero entonces piensa...

«No necesito el chupete.

¡Todo es mucho más fácil sin el chupete!»

Edu deja el chupete y sigue jugando.
¡Hurra, ahora sí que es un niño mayor!
Y mira..., ¡alguien está encantado con su chupete!